Lili, la petite grenouille

2

Lecture

Agnès Malfettes-Wittmann
Sylvie Meyer-Dreux

CLE
INTERNATIONAL
www.cle-inter.com

Louba. Album p. 4 et 5.

L'histoire « Il était une fois… Louba » se passe à Paris. Dans cette histoire, il y a deux enfants : Eléonore, sept ans, et son frère Thomas, cinq ans. Une petite sorcière coquette habite dans leur maison. Elle s'appelle Louba. Lili, la petite grenouille rose, est son amie. L'histoire commence le grand jour de la rentrée des classes au mois de septembre.

L'histoire « Il était une fois… Louba » se passe à Paris. Dans cette histoire, il y a deux enfants : Eléonore, sept ans, et son frère Thomas, cinq ans. Une petite sorcière coquette habite dans leur maison. Elle s'appelle Louba. Lili, la petite grenouille rose, est son amie. L'histoire commence le grand jour de la rentrée des classes au mois de septembre.

Eléonore

Thomas

PARIS

Louba

Lili

? Comment s'appelle la sorcière ? Comment s'appelle l'amie de la sorcière ? Comment s'appelle le frère d'Eléonore ?

1 **Compare avec le texte de l'album pages 4 et 5 : cherche ce qui est différent.**
Aujourd'hui, lundi 3 septembre, c'est le jour de la rentrée des classes. Eléonore et son frère se préparent dans la salle de bains. Lili, la petite grenouille rose, se prépare aussi pour aller à l'école des sorcières avec son amie. Avez-vous déjà vu une sorcière coquette ? Mais elle oublie quelque chose !
« Attention… tu vas avoir des problèmes ! », prévient Louba.

Aujourd'hui, lundi 3 septembre, c'est le jour de la rentrée des classes. Eléonore et son frère se préparent dans la salle de bains. Lili, la petite grenouille rose, se prépare aussi pour aller à l'école des sorcières avec son amie. Avez-vous déjà vu une sorcière coquette ? Mais elle oublie quelque chose ! « Attention… tu vas avoir des problèmes ! », prévient Louba.

2 Louba se prépare.   La sorcière s'appelle Louba.
Eléonore et Thomas se prépar**ent**.   Les enfants s'appell**ent** Eléonore et Thomas.

Qu'est-ce que tu remarques ?

deux

[o] [ɔ]

Eléonore - Thomas - l'**eau** - l'école -
un s**au**t - un **po**rtrait - une marm**o**tte
un pr**o**blème - les **o**reilles - un drap**eau** -
une br**o**sse - une g**o**mme - b**eau** - h**au**t -
rig**olo** - **o**range - r**o**se - j**au**ne - il fr**o**tte -
aujourd'hui - b**eau**coup - c**o**mme - **au**ssi.

▶ Louba, la petite s**o**rcière c**o**quette,
s**au**te du lit avec son chap**eau**.

[ʒ]

le **j**our - un **j**eu - **j**eudi - un **g**ilet
un py**j**ama - le **g**enou - la **j**ambe -
le **g**el - rou**g**e - **j**aune - **j**e bou**g**e -
il **j**oue - on man**g**e - dé**j**à.

▶ La sorcière a un **j**oli visa**g**e avec des **g**irafes sur les **j**oues !

La couverture d'un livre

le nom de l'auteur
le nom de l'illustratrice
le titre du livre
l'illustration
le nom de l'éditeur

THIERRY LENAIN
CATHERINE PROTEAUX

Menu fille
ou
menu garçon ?

Papa

La Fusée

NATHAN

Menu fille ou menu garçon ?,
Thierry LENAIN, Nathan, 1996.

Louba. Album p. 6 et 7.

Pendant que Thomas et sa sœur sont à l'école, Louba est aussi en classe dans une école pas comme les autres… Pas de livre de français mais un grimoire ; pas de crayon mais de la poudre de fourmi ; pas de gomme mais du jus de chaussettes ; pas de leçon de lecture, mais des recettes très drôles à préparer. Tout est différent, mais comme dans toutes les écoles, il faut suivre l'ordre des leçons.

Deux jours après la rentrée, tout va mal chez Louba ! Son chat Mistigri n'est pas content parce que Louba n'écoute pas la maîtresse et ne suit pas l'ordre des recettes ! Et Lili fait une blague à Louba : elle tourne la page du grimoire. Que va-t-il se passer ?

La classe d'Eléonore.

La classe de Louba.

? Comment s'appelle le chat de Louba ?
Où sont Eléonore, son frère et Louba le jour de la rentrée ?
Où sont Louba, Mistigri et Lili deux jours après ?
Pourquoi Mistigri n'est-il pas content ?

1 Cherche la bulle qui correspond à l'histoire.

Mais on est au mois de septembre, on a le temps de penser au bal de la Saint-Sylvestre !

Mais on est le 31 décembre, on a le temps de penser au bal de la Saint-Sylvestre !

2 Faire une recette.
Lire une leçon.
Un jour après la rentrée.

Suivre l'ordre **des** recettes.
Lire **les** leçons dans l'ordre.
Deux jours après la rentrée.

Qu'est-ce que tu remarques ?

[e]

▶ Les enfants sont chez Louba et ses amis pour regarder la télévision.

Éléonore - Crépounette - la rentrée - le nez - différent - rouillé - préparer - écouter - mélanger - vous suivez - transformez-vous - elle prévient - je déteste - tu as oublié - déjà.

[s]

▶ Pour transformer une sorcière en princesse, c'est facile : suivez la leçon n° 3 et préparez la recette de la potion.

Mistigri - septembre - une façon - décembre - une brosse - la salle - le dentifrice - des chaussettes - difficile - juste - sûr - rajeunissez - tu commences - je sais - celui-là - celle-là - attention - au-dessus - ça - ensuite.

✄ ✎ 📖 La liste de matériel scolaire 📖 ✎ ✄

ÉCOLE DES BLEUETS `le nom de l'école`
3, rue des Princesses `l'adresse`
75018 Paris

`la date` Septembre 2005

Liste de matériel - Classe 7 `la classe`

`es objets qu'il faut`

- Un cartable
- Une trousse
- Une paire de ciseaux
- Un tube de colle
- Une gomme
- Un taille-crayons
- Une règle
- Un stylo plume
- Deux crayons à papier
- Un stylo bille bleu
- Un stylo bille rouge
- Un stylo bille vert
- Un stylo bille noir

- Une boîte de crayons de couleurs
- Une boîte de peinture
- Trois pinceaux n⁰ˢ 6, 8, 12
- Un cahier de texte
- Un répertoire à petits carreaux
- Deux cahiers à grands carreaux
- Des étiquettes

S. Jesset `la signature`

Madame JESSET `le nom de la maîtresse`

Louba. Album p. 8 et 9.

Louba n'écoute pas la maîtresse et en plus elle ne fait pas attention quand elle lit : elle n'a pas remarqué la blague de Lili qui a tourné la page. Quelle tête en l'air ! Maintenant, c'est la catastrophe. Mistigri n'est pas étonné et Lili est embêtée… Louba n'a plus de dents, elle ne les trouve nulle part et elle doit dire la vérité à la maîtresse.

Heureusement, à l'école, la maîtresse est gentille. Elle est là pour consoler et aider la petite sorcière. Louba doit trouver sept dents d'enfants de moins de sept ans. Après, la maîtresse lui donnera la recette de sa grand-mère pour transformer les dents d'enfants en dents de sorcière.

Et pendant ce temps, Eléonore attend toujours que sa dent de lait tombe.

Une autre sorcière : la grand-mère de la maîtresse.

Où est Eléonore quand Louba parle avec sa maîtresse ?
Pourquoi Louba doit-elle parler à sa maîtresse ?
Qu'est-ce qui s'est passé ? Qu'est-ce qui se passe à l'école ?
Qu'est-ce qui se passera quand Louba aura sept dents d'enfants de moins de sept ans ?

1 **Quelle phrase peut aller dans le texte de l'album page 8 ? Où peux-tu la mettre ?**
- La dent de lait d'Eléonore tombe.
- Toutes les dents de Louba tombent.
- Dans la cour de récréation, une petite sorcière tombe.

2 Louba n'a plu**s** de dents. Avec la recette de la grand-mère

sorcière, elle aura plu**s** de dents !

Un miroir avec un o**s** , un fauteuil avec des o**s** .

Qu'est-ce que tu remarques ?

[y] [u]

Choucrounette - Crépounette - Cassoulette - une bulle - une boule - une rue - une roue - sûr - fou - perdu - elle a tourné - tu as tout bu - vous avez vu - dessus - dessous - toujours.

▶ Louba a tout bu : elle a une goutte de jus sur la joue.

[t] [d]

Thomas - une dent - le temps - du thé - un dé - la date - la tête - tu attends - tu tombes - je te donnerai - tu as perdu - perds-tu ? - deux - trois.

▶ Elle n'a pas le temps de se laver les dents et elle déteste le dentifrice !

Une page de manuel scolaire

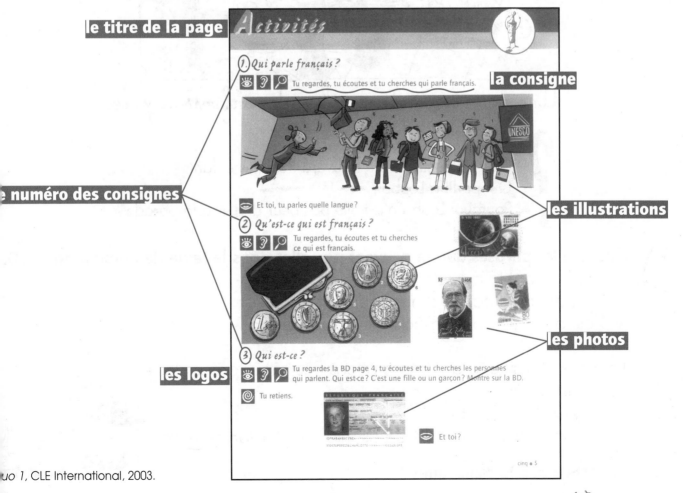

uo 1, CLE International, 2003.

1. La parade

Louba. Album p. 10 et 11.

À la fin du mois d'octobre Louba a une idée : elle va aller à l'école de Thomas et Eléonore. Là-bas, elle trouvera certainement ce qu'elle cherche. Mais quand elle arrive, l'école est fermée : ce sont les vacances ! Un vieux monsieur lui explique que tous les enfants seront à la parade l'après-midi, à 3 heures, devant la bibliothèque. Il lui explique aussi comment y aller.

L'après-midi, à la parade, Louba n'a pas peur ! Qui peut reconnaître une vraie sorcière au milieu de tous ces Martiens, ces princesses et ces vampires déguisés ? Elle se met derrière Thomas et Eléonore et elle attend. Quand la petite fille lui parle, la sorcière répond et… montre son sourire édenté. Catastrophe ! Tous les enfants se moquent d'elle…

La parade de fin octobre

Une vraie sorcière au milieu des enfants déguisés.

?

Que cherche Louba ?
Où et à quelle heure trouvera-t-elle les enfants ?
Qui parle à Louba ?
Pourquoi Louba n'a-t-elle pas peur d'aller à la parade ?

1 **Cherche les phrases qui ne peuvent pas aller dans le texte de l'album page 10.**
- C'est devant la maison, à huit heures.
- C'est devant l'école, à neuf heures.
- C'est devant la bibliothèque, à trois heures.

2 Le vieux monsieur a des informations très importantes : les enfants sont à la parade.
« Vas-y ! » dit-il à Louba.
« C'est à quelle heure, cet après-midi ? », demande-t-elle.

Qu'est-ce que tu remarques ?

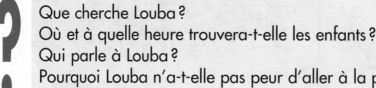

[œ] [œ̃]

une h**eu**re - **un** narrat**eur** - **un** parf**um** -
le b**eu**rre - l**un**di -
une fl**eu**r

br**un** - chac**un** - quelqu'**un** -
ils v**eu**lent - ils p**eu**vent -
s**eu**lement.

▶ À chac**un** son parf**um** et son vaporisat**eur** !

Une affiche publicitaire

IL N'Y A PAS D'HEURE
POUR MANGER DU BEURRE LEBRUN

Unité 5 La recherche des dents perdues
2. *La chambre des enfants*
Louba. Album p. 12 et 13.

Louba n'a pas trouvé ce qu'elle cherchait à la parade, mais elle a un autre idée !

Eléonore a perdu sa dent et elle l'a mise sous son oreiller pour la petite souri. Le soir, quand les enfants dorment, Louba entre dans leur chambre pour la vole. Malheureusement, la petite souris a déjà fait son travail et elle n'est vraiment pa très gentille : elle refuse absolument de donner la dent à la sorcière !

Louba, très déçue, n'abandonne pas. Peut-être que celle de Thomas es déjà tombée ? Elle met la main sous son oreiller, mais… il n'y a rien ! Alors elle tir sur la dent de Thomas… qui se réveille. Il reconnaît tout de suite la sorcière de l parade. Louba est très gênée : elle ne veut pas montrer sa bouche sans dent: alors elle s'en va très vite…

La dent de lait, la petite souris et son cadeau.

Quelle est la nouvelle idée de Louba ?
Avec qui parle Louba dans la chambre des enfants ?
Pourquoi la petite sorcière est-elle déçue et ensuite gênée ?

 1 **Cherche sur les pages 12 et 13 de l'album ce que peuvent dire les personnages. Pourquoi ?**

2 Les enfants veulent absolum**ent** perdre une d**ent**.
Malheureusem**ent**, ils doivent souv**ent** attendre.
Heureusem**ent**, un jour, la d**ent** tombe. Ils la mettent sous l'oreiller et ils attendent gentim**ent**.
Normalem**ent**, la petite souris prend la d**ent** et met de l'arg**ent** sous l'oreiller pendant qu'ils dorment.
Le matin, s'ils ne trouvent rien, ce n'est vraim**ent** pas de chance !
Qu'est-ce que tu remarques ?

[ã] [ɔ̃]

Andouillette - des confettis - septembre - le chaudron - le temps - une information - une tentative - la chance - un vampire - rond - gentille - remplacer - compléter - continuer - montre-moi - ils sont - justement - effectivement - en plus - non - tant pis.

▶ Dans la chambre, en novembre, la dent de l'enfant blond aux yeux marron est enfin tombée.

UNE PAGE DE DICTIONNAIRE

le premier mot de la page

la première lettre du mot

la définition du mot : ce que veut dire le mot

l'exemple

le dernier mot de la page

dentifrice .... **département**

dentifrice nom masculin. Le **dentifrice** est une pâte qui sert à nettoyer les dents : *Pauline déteste le dentifrice à la menthe.*

dentiste nom masculin et nom féminin. Un **dentiste**, une **dentiste** sont des personnes qui soignent les dents. C'est un nom de métier : *Valentin a une carie, il doit aller chez le dentiste.*

déodorant nom masculin. Un **déodorant** est un produit de toilette qui sert à supprimer les odeurs de transpiration : *après sa douche, maman se met du déodorant sous les bras.*

dépannage nom masculin. *Un garagiste s'est occupé du dépannage de notre voiture*, il a fait une réparation parce que la voiture était en panne. ○ Attention ! Il y a deux **n**.

dépanner verbe. *Un mécanicien est venu dépanner l'ascenseur*, remettre en marche l'ascenseur qui avait une panne. ○ Attention ! Il y a deux **n**. ● Mots de la même famille : **dépannage**, **dépanneuse**.

dépanneuse nom féminin. Une **dépanneuse** est un petit camion qui peut tirer une voiture en panne : *la dépanneuse a remorqué notre voiture jusqu'au garage.* ○ Attention ! Il y a deux **n**.

dépareillé, **dépareillée** adjectif. *Loïc est étourdi, il a mis des chaussettes dépareillées*, des chaussettes qui ne sont pas toutes les deux pareilles. ◆ Contraire : assorti.

départ nom masculin. *Le départ de l'avion est prévu à dix heures*, le moment où il part. ◆ Contraire : **arrivée**.

*Le **dentiste** me soigne une carie.*

départager verbe. *On a rejoué une partie pour départager les deux équipes*, pour dire quelle équipe a gagné, car les deux équipes étaient à égalité.

*La **dépanneuse** charge une voiture.*

département nom masculin. Un **département** est une partie de la France : *je connais le numéro de mon département.* ⇀ Il y a 96 départements en France et quatre territoires qui sont des îles très lointaines.

a b c **D** e f g h i j k l m n o p q r s t u v w x y z

187

Larousse des débutants CP • CE, Larousse, 2000.

Louba. Album p. 14 et 15.

3. *Le grand magasin parisien*

Quelques semaines plus tard, fin novembre, notre sorcière est toujour sans dent, mais elle a une autre idée : elle trouvera sûrement ce qu'elle cherch dans un grand magasin !

Malheureusement, tout est encore raté ! Au rayon jouets du Bazar de l'Hôte de Ville, la vendeuse n'a que des dents de vampires. Pas de chance non plus a rayon bijouterie : la vendeuse n'a que des colliers en dents de requins ou e défenses d'éléphant ! Et au rayon quincaillerie, le vendeur se moque d'elle : il n vend que des perceuses, des ponceuses et des tondeuses, pas des den d'enfants ! Pauvre Louba, va-t-elle trouver une solution ? Elle rentre chez elle et ell appelle tout de suite Loupiot, son ami le loup ! Mais pourquoi veut-elle l'inviter ?

Une perceuse, une tondeuse et une ponceuse du rayon quincaillerie.

Louba a trouvé une autre idée : laquelle ?
Quelles dents peut-on trouver au BHV et dans quels rayons ?
Où est Louba quand elle téléphone au loup ?

Cherche ce qui correspond à l'histoire.

C'est bientôt le carnaval, c'est trop tard pour Noël !

C'est bientôt Noël, c'est trop tôt pour le carnaval

• Dans un grand magasin, la sorcière qui n'a qu'un cheveu bleu achète un chapeau rouge et un beau bijou.

• Dans **les** grands magasins, **les** sorcières qui n'ont que **des** cheveux bleus achètent **six** chapeaux rouges et **des** beaux bijoux.

Qu'est-ce que tu remarques ?

Camille - Bouillabaisse - une feuille - une abeille - une quincaillerie - le détail - l'oreiller - un œil - gentille - meilleur - il se réveille.

▶ Le soleil brille à Marseille !

le **c**arnaval - un **c**o**ck**tail - une **qu**eue - un éche**c** - la bibliothè**que** - un **c**ollier - une **c**omptine - magi**que** - **qu**el**qu**es - **qu**elle - je **c**olle**c**te - on se mo**que** - **que** - **qu**and - **c**omme - cin**q** - **qu**inze.

▶ **Qu**i **c**olle**c**te **qu**el**qu**es livres de **c**ontes et de **c**omptines sur les **c**o**q**s ?

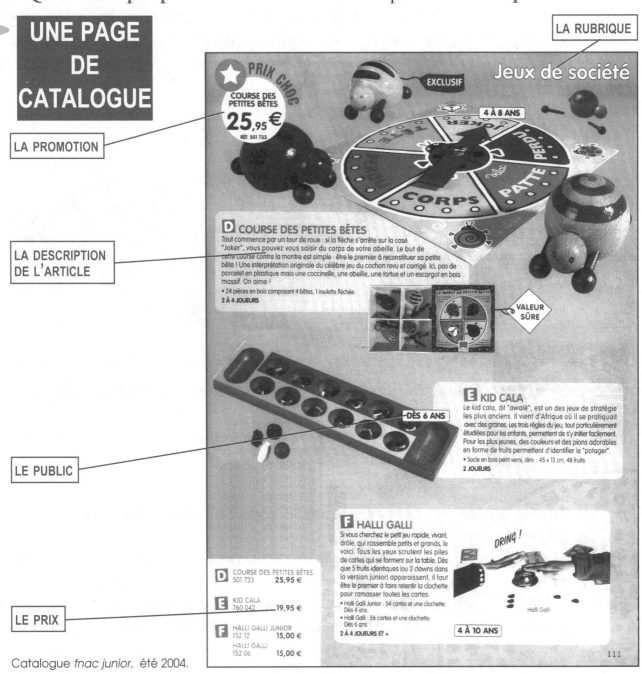

UNE PAGE DE CATALOGUE

LA PROMOTION

LA DESCRIPTION DE L'ARTICLE

LE PUBLIC

LE PRIX

LA RUBRIQUE

Jeux de société

PRIX CHOC
COURSE DES PETITES BÊTES
25,95 €
RÉF. 501 733

EXCLUSIF

4 À 8 ANS

D COURSE DES PETITES BÊTES
Tout commence par un tour de roue : si la flèche s'arrête sur la case "Joker", vous pouvez vous saisir du corps de votre abeille. Le but de cette course contre la montre est simple : être le premier à reconstituer sa petite bête ! Une interprétation originale du célèbre jeu du cochon revu et corrigé. Ici, pas de porcelet en plastique mais une coccinelle, une abeille, une tortue et un escargot en bois massif. On aime !
• 24 pièces en bois composant 4 bêtes, 1 roulette fléchée.
2 À 4 JOUEURS

VALEUR SÛRE

DÈS 6 ANS

E KID CALA
Le kid cala, dit "awalé", est un des jeux de stratégie les plus anciens. Il vient d'Afrique où il se pratiquait avec des graines. Les trois règles du jeu, tout particulièrement étudiées pour les enfants, permettent de s'y initier facilement. Pour les plus jeunes, des couleurs et des pions adorables en forme de fruits permettent d'identifier le "potager".
• Socle en bois peint verni, dim. : 45 x 12 cm, 48 fruits.
2 JOUEURS

F HALLI GALLI
Si vous cherchez le petit jeu rapide, vivant, drôle, qui rassemble petits et grands, le voici. Tous les yeux scrutent les piles de cartes qui se forment sur la table. Dès que 5 fruits identiques (ou 2 clowns dans la version junior) apparaissent, il faut être le premier à faire retentir la clochette pour ramasser toutes les cartes.
• Halli Galli Junior : 54 cartes et une clochette. Dès 4 ans.
• Halli Galli : 56 cartes et une clochette. Dès 6 ans.
2 À 4 JOUEURS ET +

DRING !

Halli Galli

4 À 10 ANS

D COURSE DES PETITES BÊTES 501 733	**25,95 €**	
E KID CALA 760 042	**19,95 €**	
F HALLI GALLI JUNIOR 152 12	**15,00 €**	
HALLI GALLI 152 06	**15,00 €**	

Catalogue *fnac junior*, été 2004.

111

Unité 7

La recherche des dents perdues

Louba. Album p. 16 et 17.

4. *La solution. Un cadeau pas comme les autres*

Louba a invité le loup à déjeuner. Au menu, il y a de la salade, des carottes, du fromage et de la salade de fruits. Et bien sûr, Loupiot n'a rien mangé ! C'est normal, les loups détestent les fruits et les légumes ! Ils n'aiment que la viande ! C'est ça, l'idée de Louba : Loupiot doit avoir encore faim pour goûter son cocktail très spécial à la viande !

Naturellement, le loup est très content, il boit tout de suite. Mais ce qu'il ne sait pas, c'est qu'il a bu la potion qui transforme le loup en agneau tout doux, tout doux. Et qui est très content maintenant ? Ce n'est pas Loupiot, c'est Louba qui a enfin trouvé une solution ! Elle récupère les dents de son ami le loup !

Le lendemain, à l'école, Louba montre les trois dents de loup. Sa maîtresse est contente et elle la félicite : ce ne sont pas des dents d'enfants de moins de 7 ans mais Louba a trouvé une solution toute seule et elle a réussi la recette n° 5. C'est ça le plus important ! Tant pis pour l'ordre des recettes, on apprend quand on en a vraiment besoin...

Le Noël de Loupiot : un cadeau pas comme les autres !

Le Noël de Thomas et Éléonore : enfin des vrais cadeaux !

 Comment Louba trouve-t-elle enfin une solution ?
Qui est content et pourquoi ?

 1 **Cherche la phrase qui peut aller dans le texte de l'album page 16.
Où peux-tu la mettre ?**

- Tout content, Loupiot accepte le cadeau de Louba et il boit le cocktail à la viande.
- Tout content, Loupiot accepte le cadeau de Louba et il boit la recette n° 3.
- Toute contente, Louba apporte la salade de fruits.

La chanson du loup

Loupiot Vraiment je ne suis pas content
Où sont toutes mes dents?
Ma fourrure, ma belle queue
Je suis très malheureux!
Louba, Louba
Qu'est-ce que tu m'as fait là?
Ah vraiment, si j'avais su
Je ne serais pas venu!

Louba Mon petit loup ne t'en fais pas,
Tu t'en remettras!
C'est si peu dans cette vie-là
Vraiment je ne comprends pas!
Loupiot, Loupiot
Oh, mais si, tu es beau!
Tu le verras! Allez, crois-moi..
Tout le monde le criera! (bis)

Chante la chanson dans ta tête et lis le texte. Qu'est-ce que tu remarques?

[ɲ]

▶ Le roi mange 10 côtelettes d'a**gn**eau aux oi**gn**ons et aux champi**gn**ons! Sacré Charlema**gn**e!

A**gn**ès - un a**gn**eau - un pei**gn**e - une châtai**gn**e - la monta**gn**e - la campa**gn**e - j'ai ga**gn**é!

[j]

▶ Menu spécial pour Loupiot : que de la **vi**ande dans son assiette! Il n'en croit pas ses **y**eux!

le ra**y**on - un tri**a**ngle - le quart**ie**r - spéc**ia**l - délic**ie**use - v**ieu**x - v**io**let - j'ai oubl**ié** - m**ieu**x - derr**iè**re - h**ie**r.

Une carte d'invitation

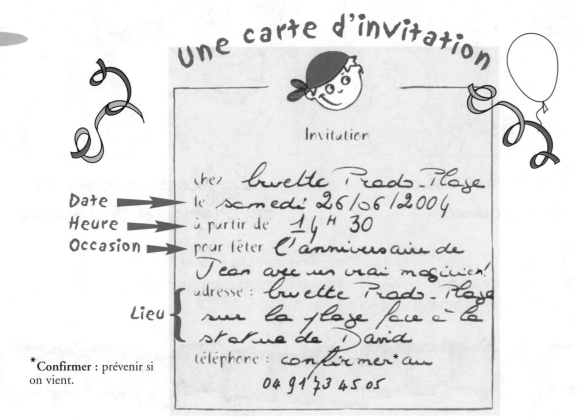

Invitation

chez buvette Prado-Plage
Date → le samedi 26/06/2004
Heure → à partir de 16 H 30
Occasion → pour fêter l'anniversaire de Jean avec un vrai magicien!
adresse : buvette Prado-Plage
Lieu { sur la plage face à la statue de David
téléphone : confirmer* au
04 91 73 45 05

*Confirmer : prévenir si on vient.

Louba. Album p. 18 et 19.

Enfin, le grand jour est arrivé : nous sommes le soir du 31 décembre e
Louba est prête pour aller au bal de la Saint-Sylvestre. Elle a ses trois dents de
loup, elle a préparé la recette n° 3 et elle est belle comme une vraie
princesse. Mais elle a encore oublié quelque chose ! Elle ne s'est pas lavé le
dents ? Non, elle n'a pas mis son manteau, son écharpe et son bonnet ! Eh oui
c'est l'hiver… Heureusement que Lili est là pour le lui dire !

Quand elle arrive au bal, toutes les sorcières déguisées en princesses son
là avec la maîtresse. Il y a de la musique et c'est la fête. Comme elle a enfin
décidé de se laver les dents tous les jours, la maîtresse la félicite. En plus, aved
ses dents de loup, c'est vraiment la plus belle, notre sorcière bien-aimée !
Puis minuit arrive : ça y est, c'est la nouvelle année qui commence ! Tout le
monde s'embrasse et se souhaite « bonne année ! ».

La fête du nouvel an
des sorcières.

La fête du nouvel an
de Thomas et d'Éléonore.

? Pourquoi Louba est-elle belle comme une vraie princesse ?
Pourquoi Louba doit-elle mettre son manteau, son écharpe et son bonnet ?
Pourquoi la maîtresse félicite-t-elle Louba ?

1 Et maintenant, sais-tu ce qu'est un conte ?

◆ Est-ce que l'histoire se passe dans un monde qui existe ou dans un monde qui n'existe pas ?

◆ Qui est le personnage principal de l'histoire ?

◆ Est-ce qu'il a un problème ? Lequel ? Qui est responsable du problème ?

◆ Qui aide le personnage principal à trouver une solution ? Qui ne veut pas l'aider ?

◆ Est-ce que le personnage trouve la solution tout de suite ?

◆ Est-ce que le personnage trouve ce qu'il cherche à la fin de l'histoire ?

◆ Est-ce que le personnage est différent à la fin de l'histoire ?

◆ Est-ce qu'il est meilleur ? Qu'est-ce qu'il a appris ?

ET DANS TA LANGUE, EST-CE QUE C'EST PAREIL ?

2 POÉSIE   Flocon le lapin blanc ← le titre

C'est un petit lapin
Aux yeux marron et ronds
Il s'appelle Flocon
Et il est très malin.

} une strophe

Quand il a faim,
il descend au jardin
Et à l'aide de ses grandes dents, il grignote
Des carottes !
Il croque un bouquet de thym
Quel festin !

Mais ce matin, tout va mal :
Du ventre aux dents, tout lui fait mal !
Hier il courait,
Aujourd'hui, il ne peut pas bouger…
Hier il dévorait
Aujourd'hui, il ne peut rien avaler.
Alors il suce son pouce
Pour se consoler
Et cherche une maman douce
Pour ne plus pleurer.

Courage, Flocon, demain ça ira mieux !

« Tu iras à la montagne
Avec ton cousin Charlemagne,
Qui n'est pas très vieux.
Tu verras Camille
La marmotte gentille,
Puis sur un oreiller de feuilles,
Tu fermeras l'œil.
Avec le soleil,
Tu te réveilleras
Et tu écouteras
La chanson des abeilles. »

l'auteur

Violette DESPRÉS

Unité 1 · Jour de marché

Philémon. Album p. 22 et 23.

L'histoire « Il était une fois… Philémon » se passe à Mimeville, une petite ville de Normandie sur les bords de la Seine. Dans cette histoire, il y a un petit garçon qui s'appelle Philémon. Il a six ans. Il a une amie : c'est Lili, la petite grenouille rose. Personne ne peut la voir, sauf lui, bien sûr ! Ses parents travaillent dans une boulangerie. L'histoire commence un mercredi du mois de janvier, jour de marché sur la place. C'est la période de la galette des rois.

C'est le plus jeune qui doit dire pour qui sont les parts de galette.

Celui ou celle qui a trouvé la fève choisit son roi ou sa reine.

La galette des rois chez la famille Lacrème.

Où se passe l'histoire ? À quel moment commence-t-elle ? Qui est le personnage principal ? Que font ses parents ? Que se passe-t-il pour Lili dans cette histoire ?

 1 Cherche les phrases qui peuvent aller dans le texte de l'album pages 22 et 23. Place-les au bon endroit. Après, relis le texte en entier avec les nouvelles phrases.

- En hiver, il n'y a pas de marché sur la place.
- Pour commencer notre nouvelle histoire, nous allons en Normandie sur les bords de la Seine.
- La fille de madame Lacrème préfère la fève en forme d'âne.

 2

Tu as trouvé la fève ? Tu as trouvé la fève !

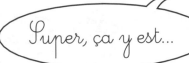

Super, ça y est… / Alors, vas-y…

Cherche la bulle qui va avec chaque phrase. Qu'est-ce que tu remarques ?

pr • tr • gr • cr • dr • vr
pr • tr • gr • cr • dr • vr

Tristan - un mercredi - un croissant - le printemps - un arbre - une princesse - l'entrée - le centre - un fruit - sacré - grand - vrai - prochain - j'ai fabriqué - elle a préparé - je préfère - croyez-moi - prendre - éteindre - vraiment - presque - après.

école   primaire

▶ Sur la plus haute branche d'un arbre, une grosse grenouille très triste pleure et crie.

[g] [ʒ]

Guy - une blague - une guirlande - une girafe - la neige - des gants - des légumes - du fromage - un magasin - je goûte.

▶ Regarde, Georges! J'ai acheté une galette à la boulangerie!

⦿◎ LE JEU DE L'OIE DE LA MARCHANDE ◎ ⦿

Nombre de joueurs : 2 ou plus (👤👤...).
Matériel : un plateau de jeu, des pions, un dé, une liste de courses par joueur, des billets et des pièces.... ▢ 🎲
But du jeu : acheter tous les éléments qui sont sur la liste de courses.
Règle du jeu :

   <u>Rôles</u> : un joueur est la marchande, les autres sont les clients.

   <u>Déplacement</u> : pour avancer sur le plateau, les joueurs « clients » jettent le dé à tour de rôle et déplacent leur pion du nombre de cases qu'indique le dé.

   <u>Déroulement</u> : quand un joueur « client » tombe sur une case « magasin », il achète l'élément qui est sur sa liste en jouant la scène avec la marchande. Attention, il ne faut pas oublier de payer ! S'il a déjà acheté ce qu'il lui faut, il attend le tour suivant.
S'il tombe sur une case « chance », il prend 2 € dans la caisse.
S'il tombe sur une case « malchance », il met 2 € dans la caisse.

Le client qui a fini ses courses en premier a gagné !

Philémon n'est pas comme les autres garçons de son âge. Il ne se vante pas, comme les autres… Il ne veut pas être le plus fort ou le plus rapide ! Dans la cour de l'école, à la récréation, les grands se moquent de lui. Comme il est très timide, il ne répond rien. Il reste tout seul. Heureusement, son amie Lili le console.

En classe, aujourd'hui, lundi 2 février, c'est un jour un peu spécial. La maîtresse tient une affiche enroulée dans sa main et on joue aux devinettes pour savoir ce qu'il y a dessus. Comme indice, elle donne la première et la dernière lettre du mot. C'est Philémon qui trouve : c'est une affiche de cirque ! Il n'y est jamais allé parce que ses parents travaillent tout le temps. Est-ce que son grand frère Jonas voudra bien y aller avec lui ?

Lili aussi adore poser des devinettes. Mais cette fois-ci, Philémon ne trouve pas et il donne sa langue au chat !

Donner sa langue au chat.

Philémon a un problème. Lequel ?
Pourquoi est-ce un jour un peu spécial en classe ?
Pourquoi Philémon n'est-il jamais allé au cirque ?
Qui pourra peut-être y aller avec lui ?

1 **Place les phrases dans le texte de l'album pages 24 et 25. Relis le texte en entier avec les nouvelles phrases.**
- Heureusement que son amie Lili est là pour le consoler !
- « Un cirque ? » propose Philémon. « Gagné ! »
- Les autres garçons, eux, se vantent toujours.

2 | chat | - | Li li | - | pa rents | - | de vi nette | - | ré cré a tion | - | Phi lé mon | - | a ffi che |

Qu'est-ce que tu remarques ?

[y]

▶ Si vous continuez, ça va mal finir !

des fruits - la cuisine - un buisson,
lui - continuer - vous suivez -
je suis - je conduirai - huit -
aujourd'hui - ensuite - puis.

[ɛ]

▶ Annette et Armelle jouent à la maîtresse.

une baguette - une ficelle
une devinette - une fourchette -
une princesse - je m'appelle -
cette - quelle - celle.

⟨⟨⟨⟨⟨ UN RÈGLEMENT ⟩⟩⟩⟩⟩

Règlement de l'école Jacques Prévert

Établi par les élèves le 20 septembre 2002

Nom de l'élève : _____

PENDANT LA RÉCRÉATION, ON A LE DROIT DE :

CE QU'ON PEUT FAIRE
- jouer au ballon dans la cour,
- grimper sur le mur d'escalade et sur la cage aux écureuils s'il ne pleut pas,
- glisser sur le toboggan,
- lire à la BCD,
- se reposer tranquillement dans la classe quand la maîtresse l'autorise.

PENDANT LA RÉCRÉATION, ON N'A PAS LE DROIT DE :

CE QU'ON NE PEUT PAS FAIRE
- courir dans la classe, dans la BCD ou dans les couloirs,
- jouer dans les toilettes,
- conserver le ballon pour soi seul,
- viser ses camarades avec le ballon et taper fort,
- pousser ses camarades ou se battre avec eux,
- bousculer les plus petits.

ÊTRE D'ACCORD
Je m'engage à respecter ce règlement et à prendre soin du matériel qui m'est prêté.

Lu et approuvé   Signature de l'élève :

le _____

À compléter par chaque élève

Lectures du Monde Cycle 2,
Bordas/VUEF, 2003.

Philémon. Album p. 26 et 27.

Jonas, le grand frère, est d'accord pour accompagner Philémon au cirque le mercredi. Ils sont maintenant installés sous le chapiteau, en compagnie de Lili, naturellement ! Monsieur Loyal présente tous les numéros : la trapéziste, les clowns, le dompteur, l'écuyère, le magicien et puis le mime. Quand les lumières se rallument, Jonas est enthousiaste et il applaudit de toutes ses forces. Philémon, lui, a tellement aimé le spectacle qu'il est déçu parce que c'est déjà fini.

Le samedi suivant, Philémon retourne tout seul au cirque. Il n'a rien dit à personne et il a payé avec l'argent de poche de sa tirelire. À la fin du spectacle, comme il reste assis sous le chapiteau, monsieur Loyal vient vers lui. Philémon lui explique qu'il veut voir Alain le mime. Monsieur Loyal est surpris de voir un petit garçon aussi décidé, alors il lui montre la roulotte de l'artiste.

L'argent de poche et la tirelire.

? Pourquoi Philémon peut-il aller au cirque le mercredi ?
Pourquoi Philémon est-il revenu au cirque ? Comment a-t-il payé ?
Pourquoi monsieur Loyal est-il à côté de lui à la fin du spectacle ?
Pourquoi décide-t-il de lui montrer la roulotte d'Alain le mime ?

1 **Lis ce que font les artistes du cirque Plumette. Relis le texte de l'album page 26 en ajoutant tout ce que font les artistes.**

Lolo le dompteur joue avec ses tigresses féroces. - Zazie la trapéziste fait un triple saut périlleux. - Avec sa baguette magique, René le magicien transforme les lapins noirs en blanches colombes. - Les deux clowns inséparables, Zito et Nigo, jouent un petit morceau de musique très spécial. - Lola, l'écuyère gracieuse et légère, est debout sur son cheval. - Alain le mime semble très en colère… sans parler !

2 une école, l~~a~~ école → l'école   un œil , l~~e~~ œil → l'œil

S~~i~~'il tombe sur la case « chance »… → S'il tombe sur la case « chance »…

Qu'est-ce que tu remarques ?

3 [ʃ] [ʒ]   [ʃ] [s]

▶ Le clown se cache dans la cage et il a chaud aux joues !
Jules - Charly - Jeanne - un chou - la manche - des chansons - des gens - jaune - gentil - il mange - elle chante.

▶ Choucrounette et Cassoulette

mars - une marche - une tâche - une tasse - une brosse - une broche - il saute - il a chaud - il est cassé - il est caché.

4

LE PROGRAMME !

LE NOM DU CIRQUE

PINDER JEAN RICHARD

Frédéric EDELSTEIN
Directeur du Cirque
PINDER Jean Richard

Sophie EDELSTEIN
Directrice Artistique
du Cirque
PINDER Jean Richard

LES NOMS DES ARTISTES

1. Monsieur Loyal Frédéric COLNOT
Vous souhaite la bienvenue
2. La Cavalerie du Cirque PINDER
présentée par SANDRA.
3. Un grand moment de rires au trampoline :
Tony TONITOS
4. Les malicieux chimpanzés comédiens
de Jean-Pierre FERRY.
5. À la perche le duo Anna et Piotr KWASNIOK
6. Les célèbres éléphants du cirque PINDER
présentés par Sophie EDELSTEIN
7. Silence,...on tourne !
Avec GASTON à la caméra

LES NUMÉROS DU SPECTACLE

8. Au trapèze volant, du Mexique :
les célèbres FLYING RODOGELLS
ENTRACTE
9. Un exceptionnel groupe mixte de 10 lions et 6 tigres
présentés par Frédéric EDELSTEIN
10. La célèbre roue de la mort des Frères LANZAROT
11. Un drôle d'équipage : les joyeuses otaries
de Beat DECKER
12. Vos amis les clowns : LES BELIOS
13. à la bascule : la Grande Troupe SHESTOPALCO
PARADE FINALE
Musique : Carmino D'ANGELO

Extrait du programme du cirque *Pinder Jean Richard,* www.cirquepinder.com.

Devant la roulotte, Philémon hésite parce qu'il est très impressionné ! Mais finalement, lui le petit garçon timide, il se décide et il frappe à la porte. Dedans, Alain se démaquille devant la glace. L'enfant s'approche toujours timidement et il explique au grand artiste pourquoi il est venu : il veut apprendre le mime…

Alain ne se moque pas de lui, il ne dit ni oui, ni non, il explique seulement. Apprendre le mime est une très bonne idée, mais il faut beaucoup de qualités pour apprendre à exprimer toutes les émotions de la vie et les faire comprendre au public. Mais Philémon ne se laisse pas décourager : il veut absolument une leçon, là, maintenant, tout de suite. Alain est tellement surpris de voir un enfant aussi décidé que, cette fois-ci, il est d'accord. Ils sortent tous les deux de la roulotte et vont vers le chapiteau. La première leçon de mime commence pour Philémon.

C'est ainsi que le soir, le petit garçon rentre chez lui tout excité, la tête pleine de souvenirs de cette première leçon pas comme les autres ! Comme c'est difficile, dans son lit, de s'endormir…

Pour apprendre, il faut du temps et de la patience !

Pourquoi Alain le mime accepte-t-il finalement d'apprendre à Philémon ?
Pourquoi Philémon n'arrive-t-il pas à dormir ce soir-là dans son lit ?
Cherche la phrase du texte qui correspond à ce que dit l'artiste page 28 de l'album. Comment l'as-tu trouvée ?

1 **Regarde les portraits autour du miroir d'Alain sur l'album page 28. Qui pourrait dire quoi ?**

- « C'est le plus beau jour de ma vie ! » • « Je voudrais bien, mais je n'ose pas… »
- « Oh ! Je n'en crois pas mes yeux ! » • « C'est vraiment pas juste ! »

2 Dans la famille Lepainsec, madame Lepainsec est la **femme** de

monsieur Lepainsec et Philémon est leur **second** garçon.

Qu'est-ce que tu remarques quand tu lis les mots à voix haute ?

3 ac • al • ar • as • es • is • ir • or • os • us...
ac • al • ar • as • es • is • ir • or • os • us...

▶ L'artiste s'énerve parce qu'il n'a pas transformé l'**es**cargot en **s**orcière!

la Normandie - monsieur Loyal -
un **s**a**c** - une li**s**te - un ma**s**que -
un o**s** - le ré**s**ultat - le ba**l** -
la po**s**te - un a**s**  - un bo**l** -
une maj**us**cule - un di**ct**ionnaire -
le **c**o**s**tume - un e**s**calier -
une f**our**chette - une i**ll**u**s**tration -
le m**ar**ché - le **c**ordonnier -
l'**ar**gent - tri**s**te - **p**arler - d**or**mir -
j'ad**or**e - nous **s**ortons - p**our**.

4 POÉSIE ÉmoTions d'enfants... ← le titre

« Ce que je voulais, je ne l'ai pas eu »,
dit l'enfant tout **déçu**.

« Je sais c'est trop peu, mais je ne peux pas faire mieux. »,
dit l'enfant tout **honteux**.

« Pourquoi c'est pas moi qui suis sur la piste? »,
dit l'enfant très très **triste**.

une strophe { « Puisque c'est comme ça, je jette tout par terre! »,
dit l'enfant **en colère**.

« Que la vie est belle, que je suis heureux! »,
dit l'enfant tout **joyeux**.

« Ça c'est décidé, je ne me laverai plus! »
dit l'enfant très **têtu**.

« Je n'y arrive pas, je ne sais pas nager. »,
dit l'enfant **découragé**.

des guillemets :
quelqu'un parle →

un tiret :
quelqu'un répond →

« Et toi que sens-tu? Toi l'enfant stupide!
— Je ne suis pas stupide, juste un peu **timide**... ».

l'auteur → Gaston LHEUREUX.

Pour Philémon, de longues semaines d'entraînement commencent. Il joue à mimer, à tout moment de la journée. Par exemple, quand sa mère fait des crêpes, il pourrait simplement manger et se régaler, comme son frère Jonas… Eh bien non ! Il préfère mimer qu'il mange une crêpe. Sa mère ne comprend rien et elle est même un peu énervée : cet enfant est vraiment bizarre parfois !

« Pas du tout ! C'est un excellent mime ! », répond Lili que personne n'entend, bien sûr…

Malheureusement, le temps passe lentement et pour Philémon c'est difficile de s'entraîner tout seul. Il est découragé. En plus, dans sa famille, on trouve ses gestes bizarres et on se moque de lui. Sauf Lili qui a toujours de bons conseils ! Du papier, un crayon, une feuille, quelques idées et c'est tout ce qu'il faut pour envoyer une belle lettre à Alain le mime. Philémon accepte tout de suite. Pour une fois, il est content de faire une dictée. Aussitôt dit, aussitôt fait !

La grande tournée du cirque Plumette.

? Pourquoi Philémon ne mange-t-il pas des crêpes comme son frère Jonas ?
Pourquoi Philémon est-il découragé ? Comment Lili aide-t-elle on ami ?
Qu'est-ce qui est nécessaire pour écrire une lettre ?
Regarde la tête de Philémon page 31 de l'album et cherche dans le texte ce qui correspond.

1 **Cherche la bulle qui pourrait aller avec la mère de Philémon page 30 de l'album.**

Regarde je t'ai préparé une bonne crêpe… Bon appétit !

Arrête un peu de faire le clown et mange !

Tu veux encore une crêpe, Philémon ?

2

un ami
Lili et son ami Philémon.

Philémon est joli.

une amie
Philémon et son amie Lili

Lili est jolie.

Qu'est-ce que tu remarques ?

3

[ks] [gz]

Oh, pardon, j'ai pas fait exprès !

J'attends des excuses !

Astérix - une e**x**cuse - le te**x**te - un e**x**emple - un point d'e**x**clamation - en e**x**clusivité - e**x**cellent - e**x**cité - e**x**primer - e**x**pliquer - il e**x**iste - il e**x**plique - e**x**actement.

▸ Vraiment, **X**avier e**x**agère !
Il doit s'e**x**cuser.

4 _Une lettre_

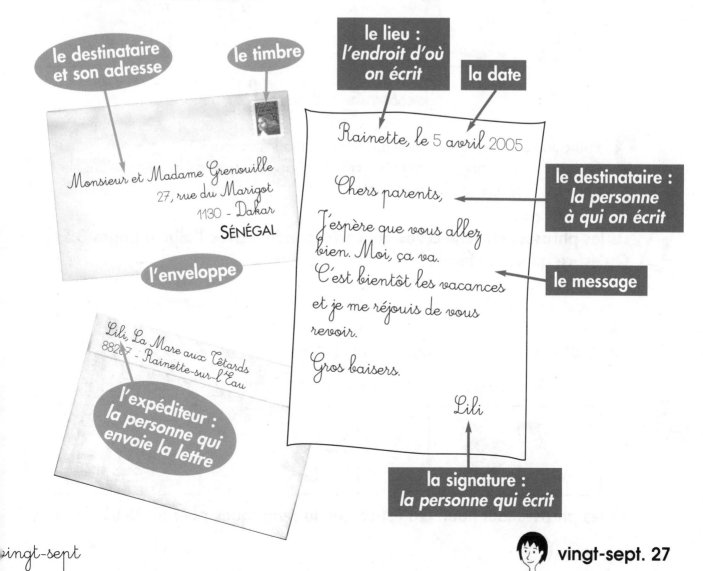

le destinataire et son adresse

le timbre

le lieu : l'endroit d'où on écrit

la date

Monsieur et Madame Grenouille
27, rue du Marigot
1130 - Dakar
SÉNÉGAL

l'enveloppe

Lili, La Mare aux Têtards
88267 - Rainette-sur-l'Eau

l'expéditeur : la personne qui envoie la lettre

Rainette, le 5 avril 2005

Chers parents,

J'espère que vous allez bien. Moi, ça va. C'est bientôt les vacances et je me réjouis de vous revoir.

Gros baisers.

Lili

le destinataire : la personne à qui on écrit

le message

la signature : la personne qui écrit

Philémon. Album p. 32 et 33.

Le jour des poissons d'avril arrive : on fait des blagues, on accroche des poissons en papier dans le dos ! Et on se moque de tout le monde ! Mais maintenant, Philémon est moins timide. Il sait ce qu'il fera quand il sera grand, il le dit et il le montre aux garçons. Et ce n'est pas une blague ! Naturellement, les grands le critiquent… Rien n'a vraiment changé !

Mais si ! Une petite fille, Juliette, s'approche de Philémon, et elle lui fait un compliment. Il se débrouille très bien en mime et elle aime beaucoup cela. Mais elle, elle préfère les clowns. C'est alors qu'ils ont une excellente idée : ils vont s'entraîner ensemble pour le retour d'Alain le mime. Et pendant que Philémon invite Juliette chez lui pour s'entraîner, que font les autres ? Naturellement… ils se moquent des amoureux !

*Poisson**s** d'avril !*

Pourquoi le 1ᵉʳ avril n'est pas un jour comme les autres ?
Qu'est-ce qui change et qu'est-ce qui ne change pas dans la cour de l'école ?
Quel est le projet des deux enfants ?

 1 **Lis les phrases ; cherche celles qui correspondent avec l'album pages 32 et 33. Qu'est-ce qui est différent ?**

- « Tu sais, moi j'aime bien ce que tu fais ! Je trouve que c'est très bien ! »
- « C'est vraiment nul, ce que tu fais ! Ça ressemble même pas ! »
- « Si tu veux, je t'invite chez moi samedi. »
- « Je crois que c'est le début d'un grande histoire ! »

 2

| Il a neuf poissons ! | Il est neuf heures. | Il a neuf ans. |

Lis les phrases tout haut. Qu'est-ce que tu remarques pour les deux dernières ?

[ɛ̃]

[iɛ̃]

[ɛ̃]

[iɑ̃]

Adrien - un chien - un frein de vélo - un Martien plein - tiens! - tu viens - tu éteins - rien - bien.

Bianca - Alain - le pain - la salle de bains - une friandise j'ai faim - maintenant - demain.

▸ Peinture ou viande… il faut choisir!

---

4 Une fiche de fabrication

LA SALIÈRE EN PAPIER

MATÉRIEL

Une feuille de papier, une règle, des ciseaux, des crayons de couleur ou des feutres, un stylo.

CONSTRUCTION

❶ Prendre une feuille de papier et lui donner une forme carrée (tous les côtés doivent avoir la même longueur).

❷ Plier la forme en deux, puis en quatre. Ramener exactement les quatre pointes vers le centre et plier : on obtient un carré plus petit, avec 4 parties triangles qu'on peut soulever.

❸ Retourner le carré du côté où il n'y a rien. Ramener les 4 coins de la feuille exactement au centre et plier : on obtient un carré encore plus petit, avec 4 parties triangles qu'on peut soulever d'un côté et 4 parties carrées qu'on peut soulever de l'autre côté.

❹ Colorier une couleur différente sur chaque triangle (soit 4 couleurs si on prend les plus grands triangles; soit 8 couleurs si on prend chaque petit triangle formé). Relever le triangle et écrire un message de l'autre côté.

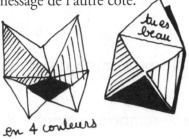

en 4 couleurs

❺ Plier le côté avec les parties carrées : une fois en rabattant de haut en bas, puis une fois en rabattant le carré de gauche vers la droite.

UTILISATION

❶ Mettre ses pouces et ses index sous chaque petit carré : la salière se forme.

❷ Demander à quelqu'un de dire un chiffre et actionner la salière autant de fois que c'est nécessaire :
(1) ouvrir vers l'avant la salière en écartant les pouces des index;
(2) refermer la salière en rapprochant les index des pouces;
(3) ouvrir vers les côtés en écartant, en même temps, le pouce et l'index de la main gauche vers la gauche et le pouce et l'index de la main droite vers la droite;
(4) refermer de la même manière que pour (2) et continuer jusqu'au nombre demandé.

❸ À la fin du comptage, demander à l'autre personne de choisir l'une des couleurs sur les triangles.

Quelle couleur?

Ensuite, soulever le triangle choisi par l'autre et lire le message!

Philémon. Album p. 34 et 35.

Ça y est ! Comme Alain l'avait promis, le cirque Plumette est enfin revenu à Mimeville au milieu du mois d'avril. Cette fois-ci, Philémon n'est plus tout seul : toute la classe est là pour voir le spectacle.

Sur la piste, on peut admirer Lolo le dompteur et René le magicien. Pendant les numéros, Adrien et le grand discutent… Et quelle surprise : le grand, qui est toujours prêt à se moquer des plus petits, est en fait un gros peureux ! Adrien est obligé de le rassurer… La maîtresse leur demande de se taire parce qu'il ne faut pas parler pendant le spectacle !

Et puis les deux garçons remarquent quelque chose de très curieux : Philémon et Juliette étaient assis devant eux, à côté de la maîtresse et ils n'y sont plus ! Ils voudraient bien comprendre, il s'est peut-être passé quelque chose ! Mais la maîtresse ne les aide pas : son sourire et ses réponses sont bien mystérieux…

Il y a pourtant un tout petit détail qu'ils n'ont pas vu… Quelqu'un se prépare sur le bord de la piste…

Dans les coulisses, les artistes se préparent. Bientôt, ils entreront en piste !

Qu'est-ce qu'on apprend sur le grand pendant le spectacle ?
Regarde page 35 de l'album et cherche dans le texte *Le retour du cirque Plumette* ce qui correspond au comportement d'Adrien et du grand.
Quelle est la réaction de la maîtresse ?

 1 **Cherche qui peut dire quoi sur les pages de l'album pages 34 et 35.**
- « Vous voyez cette femme ? Eh bien, je vais la couper en deux ! »
- « Je ne veux pas voir ça, c'est trop affreux ! »
- « Allez, Nina, tu sautes dans le cerceau ! Allez ! »
- « On y va ? C'est bientôt l'heure ! »

 2 Quand il est au cirque… il a peur ! Son ami se moque un peu de lui. « Mais je demande, c'est tout ! » répond-il !

Lis à haute voix ce petit texte. Qu'est-ce que tu remarques pour « d » ?

[w] [wa]

Le roi, c'est moi !

Louise - une boîte - un souhait - une bouée  - un fouet - une mouette - boire - oui -  - trois - moi.

▶ Pour sa fête, le **roi** L**ou**is s**ou**haite du pâté d'al**ou**ette et du f**oi**e d'**oi**e !

Un tour de magie

Le paquet de 7

Le magicien demande à un spectateur de choisir parmi deux paquets de cartes et prouve ensuite qu'il avait prévu d'avance le choix de celui-ci.

Accessoires
Une enveloppe
Un papier portant l'inscription
« Le paquet de 7 »

SECRET
Il faut préparer une enveloppe de prédiction* avec un papier où il est inscrit : « Le paquet de 7 ».

* prédiction : dire à l'avance ce qui va se passer.

1 Préparez d'abord votre enveloppe de prédiction* en glissant à l'intérieur de celle-ci un papier sur lequel vous avez écrit : « Le paquet de 7 ».

2 Formez ensuite deux paquets de cartes : l'un avec les quatre 7 répartis dans le paquet et l'autre avec 7 cartes quelconques.

3 Vous pouvez maintenant demander à votre spectateur de choisir n'importe lequel des deux paquets. Retournez le paquet qu'il vous désigne. Sortez votre prédiction de l'enveloppe. Dans les deux cas, la prédiction est juste : soit c'est un paquet avec les quatre 7, soit un paquet de 7 cartes.

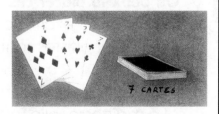

oute la magie, Gilles Arthur, achette Jeunesse, 2002.

Philémon. Album p. 36 et 37.

Eh oui ! C'est Lili qui a remplacé monsieur Loyal pour le dernier numéro et qu présente... deux très jeunes artistes ! Adrien et le grand n'en croient pas leurs yeux sur la piste, il peuvent voir Philémon et Juliette dans un numéro de clown et de mime À la fin, tout le monde applaudit de toutes ses forces, même Adrien et le grand !

Naturellement, après le spectacle, les choses ont beaucoup changé pou Philémon. Lui qui était toujours seul parce qu'il était timide, il est maintenant lo vedette de Mimeville. Et il a plein de nouveaux copains ! Ils traversent la place du marché comme de vrais vedettes devant Madame Lacrème et madame Lepainsec qui les regardent arriver. La maman de Philémon est très fière de son petit garçon !

Tous les enfants ont l'air d'être dans une grande discussion ! Ils ont un nouveau projet : ils veulent tous ensemble préparer un spectacle pour Alain le mime. C'est son anniversaire le 20 avril : il aura 60 ans ! Il faut faire vite, c'est dans deux semaines !

Et voilà comment la vie de Philémon a bien changé, grâce à un artiste, une bonne amie et une grande passion !

Une fête d'anniversaire.

Les invités regardent le garçon souffler ses bougies ! Quel âge a-t-il ?

? Quelle surprise les enfants de la classe ont-ils à la fin du spectacle ?
Quelle est leur réaction ?
Pourquoi la vie de Philémon a-t-elle changé ?

 1 **Où peux-tu placer ces phrases dans le texte « La surprise » ?**
- Ils sont tout excités de lui préparer cette surprise !
- Les deux artistes sont très impressionnés et les enfants dans le public sont très surpris !
- La maman de Philémon est très fière de son fils.
- La maîtresse, elle, est toute contente !

2 **Et maintenant, sais-tu ce qu'est un récit ?**

◆ Est-ce que l'histoire se passe dans un monde qui existe ou dans un monde qui n'existe pas ?

◆ Qui est le personnage principal de l'histoire ? Quels sont les autres personnages ?

◆ Qu'est-ce qui se passe au début ? à la fin de l'histoire ?

◆ Peux-tu retrouver les principaux événements de l'histoire et les remettre en ordre ?

◆ Est-ce que c'est une histoire qui pourrait t'arriver ?

◆ Quelles différences fais-tu avec « Louba » ?

◆ Et dans ta langue, est-ce que c'est pareil ?

Et dans ta langue, est-ce que c'est pareil ?

3 **POÉSIE** **Histoire de grenouille**

En haut d'un arbre, sur une branche,
Une grenouille criait.
Grosse, triste et blanche,
Elle pleurait…

« Je ne suis pas belle !
Se lamentait-elle,
Les autres ont des tresses,
Et moi j'ai des couettes !

— Mais qu'est-ce que ça change ?
Lui dit un petit ange.
On ne choisit pas son âge
Encore moins son plumage !

Vraiment tu exagères !
Il faut s'accepter
Pour avoir du succès
Regarde Xavier… »

Dès le lendemain,
Elle sent qu'elle va bien.
Maintenant quand on vient,
Elle vous tend la main :

« Si vous me suivez
Sans bruit dans la nuit,
Dit-elle,
Je vous conduirai
Dans un jardin plein de fruits !

Si vous me souhaitez
Roi et belles images,
Dit encore la belle,
Alors vous irez
Loin dans mes nuages ! »

Louise CHAMPFLEURI.

Unité 1 — Promenades au bord de la mer

Bleue d'or. Album p. 40 et 41.

L'histoire « Il était une fois… Bleue d'or » se passe à Danse-sur-Mer, petit port à l'ouest de la France au bord de l'océan. Dans ce port habite un vieux monsieur très élégant qu'on appelle monsieur Yaya. On ne sait pas quel âge il a. Tout ce qu'on sait de lui, c'est qu'il vit tout seul dans une grande maison à la sortie du village et qu'il adore lire.

Dans ce port, on voit souvent aussi se promener une petite bande de copains. Parmi eux, il y a un petit garçon qui s'appelle Victor. Il s'arrête toujours devant la maison du vieux monsieur pour lui demander ce qu'il lit. Naturellement, Monsieur Yaya lui répond avec plaisir. Et la promenade des enfants continue… pourtant le chemin s'arrête après la maison de monsieur Yaya ! Où peuvent-ils aller ?

Un port de plaisance.

Des voiliers et des bateaux à moteur pour faire des promenades en mer.

Un port de commerce.

Des gros bateaux pour transporter des marchandises et des voyageurs.

? Fais le portrait du monsieur. Que font les enfants ?
Pourquoi le titre du texte est-il « promenades » ?

1 Voici deux descriptions d'un des personnages principaux de « Bleue d'or ». Laquelle correspond à l'histoire ?

Il n'est plus très grand mais il n'a pas encore besoin de canne. Un large chapeau noir cache souvent ses cheveux gris. Il aime être élégant et met toujours un costume sombre avec une écharpe rouge. Personne n'habite avec lui dans sa grande maison. Quand il descend de la falaise pour aller dans la rue principale du petit port, les commerçants accueillent toujours avec le sourire ce charmant vieux monsieur !

C'est un monsieur assez grand, qu fait toujours très attention à ce qu'i met : costume en velours avec chapeau et écharpe rouges. Il aime se promene dans les commerces de la rue principale. Il sourit à tout le monde e pourtant il vit tout seul dans une petite maison sur les falaises. Il adore aussi voir passer Victor et ses ami devant chez lui quand il est assis su son banc. Il ne manque jamais ce rendez-vous !

INFO RESTO !

Au menu des requins : poissons + poissons + poissons...

Savez-vous combien de kilos de poissons peut manger un grand requin blanc en une seule fois ?

Réponse : 250 kilos... mais pas tous les jours !

Les costumes de la lettre « h »

Un menu

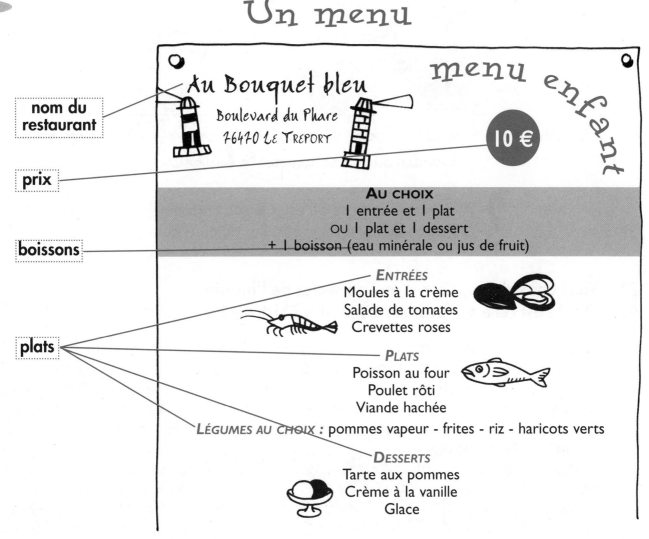

nom du restaurant

prix

boissons

plats

Au Bouquet bleu
Boulevard du Phare
76470 Le Tréport

menu enfant

10 €

AU CHOIX
I entrée et I plat
OU I plat et I dessert
+ I boisson (eau minérale ou jus de fruit)

ENTRÉES
Moules à la crème
Salade de tomates
Crevettes roses

PLATS
Poisson au four
Poulet rôti
Viande hachée

LÉGUMES AU CHOIX : pommes vapeur - frites - riz - haricots verts

DESSERTS
Tarte aux pommes
Crème à la vanille
Glace

Unité 2 La cabane secrète

Bleue d'or. Album p. 42 et 43.

Les enfants ont un secret : après la maison de monsieur Yaya, au bord de la falaise et cachée dans les feuillages, il y a une toute petite maison en bois. C'est leur cachette, personne ne sait qu'elle existe. Et devinez qui habite dans cette cabane ? Lili rose, l'amie de la petite bande, la reine de ce royaume ! Et « Chez Lili rose », tout est rose, du sol au plafond.

Aujourd'hui, 1er mai, tout le monde est venu avec son brin de muguet. Il en a vraiment de toutes les sortes : en peinture, en pâte à sel, en pât d'amandes, en chocolat et en poésie aussi ! D'habitude, chez Lili, les enfan s'installent sur un coussin rose pour écouter les histoires merveilleuses que Victo invente avec les livres de monsieur Yaya.

Mais aujourd'hui l'histoire est un peu particulière. Saurons-nous pourquoi ?

Le muguet du premier mai.

On achète un brin de muguet dans la rue et on l'offre à qui on veut !
On dit que c'est un porte bonheur !

 Peux-tu expliquer ce qu'est « le secret rose » ?
Qu'est-ce qu'il y a de particulier aujourd'hui ?

 1 **Voici deux descriptions d'un lieu secret de l'histoire.**
Quelle est celle qui peut correspond à l'histoire ?

C'est un royaume fait de trésors en bois et en feuillages. Il est caché derrière des arbres de la falaise. Lili, reine de cette cabane, peint en rose les murs, les coussins, les pots de fleurs, la table, les dessins, les bonbons, les boîtes... tout ce qui entre dans ce lieu secret !

C'est juste après la maison d monsieur Yaya, au bord de la falaise C'est une petite cabane faite avec de planches et des bouts de bois. Elle es recouverte de feuillages et comme ç on ne la voit pas !
Victor et ses amis apportent tou ce qu'ils trouvent et tout ce qu'i fabriquent et Lili, reine de ce pet royaume secret, peint tout en rose

INFO THÉÂTRE !

Au *théâtre*, avant de commencer le spectacle, on tape « *les trois coups* » pour faire le silence dans la salle. Trois coups... mais pas sur la *tête* des artistes !

SPORT

MATCH NUL ENTRE LES « p » ET LES « b » !

UNE PIÈCE DE THÉÂTRE : Toto et Zanzibar

Deux clowns se rencontrent. Ils sont habillés de la même façon. Toto a un faux marteau en carton dans la poche de son pantalon.

Toto : Bonjour !

Zanzibar : Bonjour ! Tu es habillé comme moi...

Toto : Bizarre !

Zanzibar : Bazar ? Quel bazar ?

Toto *(crie)* : J'ai dit bizarre !

Zanzibar *(débouche ses oreilles)* : Je ne suis pas sourd.

Toto *(chuchote)* : Quel est donc ton métier ?

Zanzibar : Clown.

Toto : Clou ? Et où caches-tu ton marteau ?

Zanzibar *(sort un gros marteau de sa poche)* : Là !
C'est un marteau de clown. Je m'appelle Zanzibar.

Toto : Jean Bazar ?

Zanzibar *(crie)* : J'ai dit Zanzibar !

Toto *(débouche ses oreilles)* : Je ne suis pas sourd.

Zanzibar *(chuchote)* : Quel est ton nom ?

Toto : Théophile Toto.

Zanzibar : Tu me prêtes ton marteau, Toto ?

Toto *(tend le marteau)* : D'accord... Mais attention : il est lourd !

Zanzibar *(prend le marteau qu'il a du mal à porter)* : Fff ! terriblement lourd. À quoi sert-il ?

Toto *(mime)* : À faire le clown ! Tu le soulèves au dessus de ta tête.

Zanzibar *(fait beaucoup d'efforts)* : Je le soulève au dessus de ma tête...

Toto : Puis à trois, tu le lâches.

Zanzibar *(étonné)* : Je lâche quoi ?   les personnages

Toto : Le marteau ! Un... deux...   les indications pour savoir comment jouer

Zanzibar *(lâche le marteau)* : trois !

Le faux marteau tombe sur la tête de Zanzibar qui s'écroule, à moitié assommé.

Toto *(range le faux marteau dans sa poche)* : Un vrai marteau de clown ! C'était le clou du spectacle !

Toto s'éloigne en riant, pendant que Zanzibar se frotte la tête.

Zanzibar : Si j'ai bien compris... Le clou du spectacle : c'est moi !

Quel est donc l'âge du capitaine ? et autres pièces, Ann ROCARD, Le temps apprivoisé, 1992.

Unité 3   Une belle histoire... vraie !

Bleue d'or. Album p. 44 et 45.

Aujourd'hui, en effet, Victor, raconte une histoire vraie : l'aventure extraordinaire qui est arrivée à monsieur Yaya.

Un soir, au coucher du soleil, pendant qu'il lisait sur le banc devant sa maison, une chatte toute grise avec des yeux dorés est arrivée aux grilles du jardin. Tout doucement elle s'est approchée du banc. Quelques jours après, elle est revenue et elle s'est installée sur les genoux du vieux monsieur. Il lui a demandé ce qu'elle voulait, mais elle a seulement miaulé en le regardant. Et il a tout de suite compris qu'elle voulait rester chez lui !

Seulement voilà, monsieur Yaya est un vieux monsieur, et les vieux messieurs ne vivent pas pour toujours... Il a longtemps hésité : que se passerait-il si jamais il n'était plus là ? Finalement, en regardant la chatte qui ronronnait contre lui, il a accepté de la garder.

En écoutant Victor, la petite bande est ravie : les enfants posent des questions, ils s'exclament ! Vraiment, ils adorent cette histoire !

Et voilà, depuis un mois, le vieux monsieur n'est plus tout seul et il est très heureux. Il a enfin une amie et il lui a donné un nom : elle s'appelle Bleue d'or. « Bleue » pour ses poils et « d'or » ses yeux ! Et maintenant, il ne lit plus que des histoires de chats ! Mais ce bonheur va-t-il durer ?

La vie des chats

Ils boivent du lait et mangent des croquettes. Ils tiennent compagnie à leur maître. Ils aiment se promener la nuit.

 Pourquoi les enfants aiment-ils beaucoup cette nouvelle histoire de Victor ?
Pourquoi monsieur Yaya hésite-t-il à garder la petite chatte ?

1 **Voici deux manières de raconter l'arrivée de « Bleue d'or ».
Laquelle correspond à l'histoire ?**

Un soir, une petite chatte grise est entrée dans la maison de monsieur Yaya. Après, elle s'est approchée pour venir sur les genoux du vieux monsieur et elle a miaulé. Ensuite elle a ronronné et il l'a gardée !

Un soir, une petite chatte grise est venue dans le jardin de monsieur Yaya jusqu'aux grilles. Après, elle est venue sur ses genoux, elle a miaulé et elle a regardé le vieil homme. Ensuite elle a ronronné et il l'a gardée !

38. trente-huit   *trente-huit*

Pour l'année 2002, la Société Protectrice des Animaux suisse de Lausanne a reçu 2 305 chats perdus ou abandonnés !

Quand un vieux monsieur rencontre plusieurs vieux messieurs…

Ils se racontent des histoires drôles de… monsieur - messieurs !!

• Une règle de jeu : Le chat et la souris •

● **Nombre de joueurs :** 3 à 10.

● **But du jeu :** ne pas se faire attraper par le chat.

● **Déroulement :** on choisit un enfant pour être la souris. Les autres joueurs forment un cercle en se donnant la main, les bras levés. La souris est à l'extérieur du cercle. Elle touche un joueur de son choix dans le dos. Celui-ci devient le chat et il doit essayer d'attraper la souris. La souris peut passer sous les bras des joueurs qui forment le cercle et courir en faisant des zigzags. Le chat doit suivre exactement le même chemin, il n'a pas le droit de couper le cercle pour attraper la souris.

Après 2 tours complets, si le chat attrape la souris, il revient dans le cercle et la souris doit trouver un autre chat !

Si le chat n'attrape pas la souris, la souris peut rentrer dans le cercle, et c'est le chat qui devient la souris.

Un extrait de conte

(…) indique que du texte a été supprimé. On peut le trouver au début, au milieu ou à la fin de l'extrait.

« (…) Tout à coup, ils sursautèrent. On entendait comme le bruit d'un pas lourd. (…)
– Ah, ça ! Mais on marche dans la maison… On dirait même…
– Ce n'est rien, dit Delphine. C'est le chat qui court après les souris au grenier. Déjà, cet après-midi, il a fait le même bruit.
– Ce n'est pas possible ! Tu t'es sûrement trompée. Comment veux-tu que le chat fasse trembler le buffet ?
– Mais non, c'est lui-même qui me l'a dit tout à l'heure.
– Ah ? Et bien, je n'aurais jamais cru qu'un chat pouvait faire autant de bruit. Mais puisqu'il te l'a dit, c'est bon.
Sous le fourneau, le chat se faisait tout petit. Le bruit avait cessé presque aussitôt. (…) Les parents commencèrent à raconter leur visite à l'oncle Alfred. (…)
– Allons bon, voilà que ça recommence ! (…) Ah, cette fois, vous ne me direz pas que c'est le chat. On dirait que la maison va s'écrouler ! (…) »

Les Contes bleus du chat perché, « L'éléphant », Marcel Aymé. Gallimard.

Unité 4 — Une mystérieuse disparition

Bleue d'or. Album p. 46 et 47.

Un jour, alors qu'ils vont vers la cabane secrète, les enfants n'aperçoiven
pas leur vieil ami devant sa maison. Normalement, il est toujours sur son banc
Inquiets, ils décident d'entrer dans la maison et que voient-ils ? Un étrange
spectacle : monsieur Yaya est dans son fauteuil, mal habillé, la pièce est er
désordre. La table est mise, mais il n'a rien mangé, le bol de lait et l'assiette de
croquettes de la chatte sont pleins. Mais le plus bizarre, c'est que Bleue d'or n'es
pas là… Le vieil homme désespéré leur explique qu'elle est partie.

De retour à la cabane, ils décident de mener l'enquête. Mais comme ils ne
sont pas assez, Victor téléphone à deux autres amis pour les aider. C'est Lili qu
dirige les opérations : chaque jour, les enfants viendront chez elle à 18 heures e
chacun dira ce qu'il a trouvé. Ils auront tous un petit carnet pour noter le
indices. Ils iront deux par deux dans des endroits différents. Tout le monde es
prêt ! Vont-ils trouver pourquoi Bleue d'or a disparu ? Vont-ils la retrouver ?

Téléphoner en France

Composer les 10 numéros du correspondant en commençant par 01, 02, 03, 04 ou 05

 Pourquoi la petite bande entre-t-elle dans la maison de monsieur Yaya ?
Pourquoi les enfants pensent-ils qu'il y a quelque chose d'étrange ?
Comment s'organisent-ils pour mener l'enquête ?

 1 **Voici deux manières de raconter l'événement « étrange ». Laquelle correspond à l'histoire ?**

Plus de vieux monsieur, plus de chatte dans le jardin ! Dans la maison tout est en désordre ; monsieur Yaya, bien habillé mais désespéré, n'a pas mangé, n'a pas rangé l'assiette encore pleine et le bol rempli de lait de Bleue d'or. Il dit que sa chatte est partie !

Plus de vieux monsieur, plus de chatte dans le jardin ! La maison n'est pas rangée, monsieur Yaya e sa chatte n'ont pas mangé et on ne trouve plus Bleue d'or ! Le vieu monsieur, mal habillé, est désespéré : sa chatte est partie !

Le petit journal de Lili

INFO « ALLÔ ! » En France, deux habitants sur trois ont un téléphone portable.

LES CONTRAIRES

Heureux ?
Oui, c'est croyable !
Oui, c'est possible !

Malheureux !
Non, c'est incroyable !
Non, c'est impossible !

**Retournez la carte et vous trouverez le contraire !
Que s'est-il passé ?**

UNE EXPÉRIENCE SCIENTIFIQUE

Les pierres légères

Impressionne tes amis par ta force. Demande-leur de soulever un lourd sac de pierres. Ils auront bien du mal. Mais pas toi, car l'eau t'aidera !

Il te faut :

matériel

Un pot à eau

Des pierres — Une grande cuvette — Un sac en plastique

étapes de l'expérience

1 Mets les pierres dans le sac en plastique. Demande à un ami de le soulever. Que c'est dur pour lui !

2 Retire les pierres. Pose le sac dans la cuvette. Glisse les pierres dedans.

3 Verse de l'eau dans la cuvette. Attention de ne pas en mettre dans le sac !

4 Soulève le sac de pierres. C'est bien plus léger !

L'eau exerce une poussée sous le sac. Elle le porte.

information

Du poids en moins !

Tu es moins lourd dans l'eau car elle te porte. Les piscines sont souvent utilisées pour rééduquer les gens blessés ou opérés : dans l'eau, ils se déplacent plus facilement.

9

L'Eau, coll. Le Petit Chercheur, N. Ardley, Bordas, 1991.

Bleue d'or. Album p. 48 et 49.

L'enquête commence. Anne et Victor vont à la fête foraine installée sur le camping municipal. Ils sont déçus parce qu'ils ne trouvent rien. Il y a des chats partout : sur les boîtes de chamboule-tout, sur la cible des fléchettes, dans la chanson du karaoké… Mais de vrais chats, il n'y en a nulle part ! Il y a juste deux petites souris devant le stand de tir… On se demande ce qu'elles font là ! Anne et Victor voudraient bien faire un tour de manège ou manger de la barbe à papa mais ils n'ont pas le temps ! Ils n'ont rien trouvé… il faut continuer !

De leur côté, Pierre et Thomas cherchent dans la rue principale. Ils entrent dans tous les magasins. Là encore, rien de spécial. Pierre est découragé et il voudrait aller retrouver les autres. Mais Thomas remarque qu'il y a plein de souris qui les regardent avec un air méchant. Il le note dans son carnet. Serait-ce un indice important ?

Une enquête

Pour trouver la clé du mystère, il faut faire une enquête : observer, relever des indices, interroger les témoins, réfléchir longtemps, avoir de la chance et de la patience…

 Où vont Anne et Victor ? Que trouvent-ils ?
Où vont Pierre et Thomas ? Que notent-ils dans leur carnet ?

1 Voici deux manières de relever les indices de l'enquête. Laquelle correspond à l'histoire ?

À la fête foraine, des chats partout : sur le manège, sur le 100 de la cible, sur les boîtes du chamboule-tout, dans la chanson, en forme de barbe à papa… mais pas de vrais chats ! À noter, deux souris au stand de tir. Dans la Grande Rue, dans les magasins : aucun chat ! À noter, beaucoup de souris avec des yeux méchants !

À la fête foraine, des chats partout sur le 100 de la cible, sur les boîtes de chamboule-tout, dans la chanson, en forme de barbe à papa… mais pas de vrais chats ! À noter, deux souris au stand de tir. Dans la Grande Rue, chez le menuisier, à la boulangerie, chez le libraire : aucun chat ! À noter, beaucoup de souris avec des yeux méchants !

Le petit journal de Lili

La dispute !

INFO FÊTES !

En Belgique, il y a au moins trois ou quatre fêtes par an dans les villages avec des cortèges, des fanfares, des foires et des grands repas.

Une chanson

La Mère Michel

les notes

la musique

C'est la Mère Mi - chel qui a per - du son chat, Qui crie par la fe - nêtr' à qui le lui ren - dra. C'est le Père Lus-tu-cru qui lui a ré - pon - du : « Al - lez, la mère Mi -chel, votr'chat n'est pas per - du! » Sur l'air du tra - la - la, sur l'air du tra - la - la. Sur l'air du tra - dé-ri - dé - ra Et tra-la la

chanter 2 fois

le refrain

Refrain
Sur l'air du tra la la *(bis)*
Sur l'air du tra déridéra
Et tra la la

les paroles

C'est la Mère Michel qui lui a demandé:
« Mon chat n'est pas perdu, vous l'avez donc trouvé? »
Et le Père Lustucru qui lui a répondu :
« Donnez une récompense, il vous sera rendu. »

Et la Mère Michel lui dit : « C'est décidé
Rendez-le-moi mon chat, vous aurez un baiser. »
Et le Père Lustucru, qui n'en a pas voulu,
Lui dit : « Pour un lapin votre chat est vendu. »

un couplet

Unité 6 — Peut-être une preuve?

Bleue d'or. Album p. 50 et 51.

Adam, Camille et Lucie, eux, sont dans le quartier des pavillons. cherchent la chatte de monsieur Yaya partout mais ils ne la trouvent nulle par Ils remarquent aussi qu'il n'y a aucun chat : ni celui des fermiers, ni ceux d madame Deschiens… C'est quand même curieux !

À 18 heures, tout le monde se retrouve à la cabane secrète. Et on partag les premiers résultats de l'enquête : pas de Bleue d'or, pas de chats, mo beaucoup de souris ! Que faire de ces informations ?

Soudain, Lili semble avoir trouvé la solution ! Elle saute, elle crie, elle est tré énervée. Les enfants ne comprennent pas très bien ce qui se passe dans sa tête Ils doivent repartir tout de suite avec elle, mais elle ne veut toujours pas expliqu la situation… Où vont-ils ? Que vont-ils trouver ? Mystère .

À quoi servent les phares ?

Les phares permettent aux bateaux de trouver leur chemin la nuit ou, quand il y a du brouillard, d'éviter les endroits dangereux.

 Adam, Camille et Lucie remarquent la même chose qu'Anne et Victor : qu'est-ce que c'est?
Quelles sont les informations que les enfants rapportent à Lili ?
Pourquoi Lili est-elle soudain très excitée?
Qu'est-ce qu'on apprend de plus dans l'album page 51 ?

 Voici deux manières de présenter la preuve possible pour la fin de l'enquête. Quelle est celle qui peut correspond à l'histoire ?

Lili pense trouver une piste avec les premiers résultats de l'enquête. Les enfants, qui n'ont pas trouvé Bleue d'or, ont tous remarqué la même chose : on ne voit plus de chat à Danse-sur-Mer mais on voit beaucoup de souris ! C'est une preuve. Il faut repartir très vite ! Pourquoi ?

Lili a trouvé une piste avec le premiers résultats de l'enquête po expliquer la disparition de Bleue d'or e la retrouver : tous les chats du pe port ont disparu et il y a beaucou de souris à la place. Il faut don repartir pour chercher toutes le souris ! C'est la preuve ! Pourqu très vite ?

Le petit journal de Lili

Combien une souris peut-elle avoir de petits en une année?

Réponse : de 100 à 150 souriceaux !

ENQUÊTE

Qui va avec qui?

9 ! C'est moi le chef !

et moi, fève, je suis avec les 2 ?

20! qui vient avec moi ?

AVEC QUI VONT :
« feux et vœux », « vert et faire »,
« fou et vous », « folle et vole »,
« famille et vanille », « fois et vois »,
« refuge et avenue » ?

UNE PAGE D'UN MAGAZINE DE JEUNESSE

photos

Le chat est d'une grande souplesse; d'autre part, ses yeux et son oreille interne contrôlant son équilibre, il retombe toujours sur ses pattes ! Quelques secondes après une perte d'équilibre, le chat est en position idéale pour atterrir sur le sol.

CARTE D'IDENTITÉ
- **Poids** : 1 à 20 kilos.
- **Longévité** : environ 15 ans.
- **Famille** : mammifères - portée de 3 à 6 chatons maximum.
- **Soins** : alimentation équilibrée - eau fraîche - espace très propre pour les besoins - brosser le chat et lui couper les griffes régulièrement.
- **Races** : chat de gouttière, siamois, bleu russe, angora...

légende

titre

le chat, un trapéziste de naissance !

sous-titre

MANIÈRES DE PARLER !

MIAOU!

RRRR RRRR RRRR

Il miaule pour dire bonjour, pour demander à manger, pour sortir ou entrer dans la maison et... se plaindre.

Il ronronne quand il est heureux, quand il a peur ou quand il souffre!

Quand il fait un câlin dans les bras, c'est un signe de confiance.

Bleue d'or. Album p. 52, 53 et 54, 55.

Les enfants suivent Lili jusqu'à la ferme des Petitpoulet. Il y a un grand fe
et tout le monde danse autour. On fête le jour le plus long et l'arrivée de l'été
Mais tout le monde ne s'amuse pas : il y a deux petites souris qui pleurent... Le
enfants écoutent ce qu'elles disent. Lili, elle, est furieuse : elle se précipite sur elle
et leur demande où sont les chats. Son attitude est de plus en plus bizarre
pourquoi est-elle si méchante avec ces pauvres souris ? Mais elle a peut-êtr
raison parce que les souris ont vraiment un petit secret à raconter...

En effet, elles conduisent nos amis jusqu'au phare : toutes les souris sont là
l'air vraiment très triste ! Elles répondent aux questions et donnent enfin la clé d
mystère : ce sont elles qui ont enlevé tous les chats, avec quelques croquette
et quelques arêtes de poisson ! Elles veulent changer de métier et deven
dompteuses de chats. Mais elles ont quelques problèmes : un chat seulemer
joue de la flûte et leur numéro n'est pas très réussi. Voilà pourquoi elles pleurent
Lili, qui avait compris que c'étaient elles les coupables, se précipite vers la port
du phare sans attendre la fin de la phrase ! Allons-nous enfin retrouver Bleue d'o
et tous les chats ?

Le feu de la Saint-Jean

*Pour fêter l'arrivée de l'été, on fait un grand feu.
On chante et on danse autour toute la nuit !*

Où sont cachés les chats ?
Qui est responsable de leur disparition ? Pourquoi ?
Quel est le problème des souris ?

Et maintenant, sais-tu reconnaître différents textes ? Retrouve-les dans ce livret.

Une couverture d'un livre de jeunesse ?   Un extrait de conte ?
Une page de dictionnaire ?   Une règle de jeu ?
Une affiche ?   Une lettre ?
Une carte d'invitation ?   Une expérience scientifique ?
Une page de catalogue ?   Un menu ?

Peux-tu en citer d'autres ?

Tout est bien qui finit bien !

Ce que voit Lili quand elle ouvre la porte est un spectacle tout à fait joyeux : tous les chats sont là, ils font des numéros de cirque présentés par... Bleue d'or, nouvelle madame Loyal ! Tout le monde est invité à aller chez monsieur Yaya qui ne connaît pas encore la bonne nouvelle... Comme il va être content !

On peut imaginer combien la vie du vieux monsieur a changé depuis toutes ces aventures : les souris se sont installées chez lui, il y en a partout, de la cave et au grenier. Elles ont beaucoup travaillé et elles sont devenues de vraies artistes de cirque !

Pour le 14 Juillet, elles présentent un spectacle magnifique au vieux monsieur et aux enfants, avec les chats naturellement ! Quelle belle façon de fêter les vacances... Mais c'est surtout la fête de l'amitié, de la joie et de la vie pour monsieur Yaya qui ne sera plus jamais seul.

Tout est bien qui finit bien... et en chanson bien sûr !

Un feu d'artifice

Pour le 14 Juillet, quand il fait nuit, on peut voir un grand feu d'artifice de toutes les couleurs dans le ciel. Ça fait beaucoup de bruit, mais c'est magnifique !

? Que voit Lili quand elle ouvre la porte du phare ?
Quel est le nouveau rôle de Bleue d'or ?
Qu'est-ce qui change dans la vie de monsieur Yaya ?
Qu'est-ce qu'on fête en même temps que le 14 Juillet dans l'histoire de « Bleue d'or » ?

Et maintenant, sais-tu ce qu'est une histoire policière ?

◆ Sais-tu reconnaître les éléments bizarres ou secrets ? (personnage, lieu, événement...)
◆ Quel est l'événement étrange qu'on ne comprend pas et qui change la suite de l'histoire ?
◆ Y a-t-il une enquête ? Qui mène l'enquête et comment ?
◆ Y a-t-il des indices importants qui aident à trouver le mystère ?
◆ Y a-t-il des preuves qui aident à trouver le (ou les) coupable(s) ?
◆ Quelles différences fais-tu avec « Louba » ? Avec « Philémon » ?

ET DANS TA LANGUE, EST-CE QUE C'EST PAREIL ?

L'alphabet

L'ensemble des lettres s'appelle l'**alphabet**.
Tu peux écrire les lettres de différentes manières.

● En écriture cursive

Les minuscules : a b c d e f g h i j k l m n o p q r s t u v w x y z

Les majuscules : A B C D E F G H I J K L M N O P Q R S T U V W X Y Z

● En script

Les minuscules : a b c d e f g h i j k l m n o p q r s t u v w x y z
Les majuscules : A B C D E F G H I J K L M N O P Q R S T U V W X Y Z

Les nombres

● Les unités

o zéro		3 trois		6 six	
1 un		4 quatre		7 sept	
2 deux		5 cinq		8 huit	
	deux yeux		cinq doigts	9 neuf	

● Les dizaines

10 dix	21 vingt et un	50 cinquante
11 onze	22 vingt-deux	53 cinquante-trois
12 douze	30 trente	60 soixante
13 treize	31 trente et un	64 soixante-quatre
14 quatorze	40 quarante	70 soixante-dix
15 quinze	44 quarante-quatre	71 soixante et onze
16 seize		72 soixante-douze
17 dix-sept		80 quatre-vingts
18 dix-huit		88 quatre-vingt-huit
19 dix-neuf		90 quatre-vingt-dix
20 vingt		99 quatre-vingt-dix-neuf

une douzaine d'œufs

quarante-quatre fleurs

● Les centaines

100 dix	203 vingt et un	
101 onze	220 vingt-deux	600 cinquante
102 douze	300 trente	700 cinquante-trois
110 treize	400 trente et un	800 soixante
200 quatorze	500 quarante	900 soixante-quatre

● Les milliers

1 000 mille	2 000 deux mille	10 000 dix mille	100 000 cent mille

Illustrations : Corinne Bongrand, Marianne Maury-Kaufmann, Maïté Laboudigue.
Édition : Sophie Godefroy.
N° projet : 10097424 – Novembre 2004 – Imprimé en France par EMD S.A.S. – N° 12867